개정3판

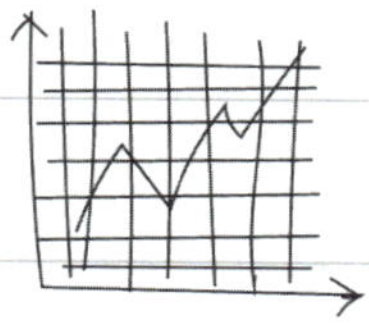

최창규 지음

IFRS 회계원리

서브노트

회계원리 오리엔테이션

1. 재무회계 : 외부 정보이용자의 의사결정을 위한 유용한 정보 제공

회계원리 ⟶ 중급회계 ⟶ 고급회계

참고 관리회계 : 내부 정보이용자의 의사결정을 위한 유용한 정보 제공
원가회계 : 제조기업의 제품 원가계산
세무회계 : 세법에 근거한 세금계산

2. 장부를 기록(복식부기)하는 이유

(1) 관리목적
(2) 세무목적
(3) 보고목적

3. 사례 (호프집)

(1) 자금조달

(2) 임대차계약

구 분	보증금	월세
임대인(건물주)	임대보증금(부채)	임대료(수익)
임차인	임차보증금(자산)	임차료(비용)

4. 회계학이 어려운 이유

(1) 직접 경험을 하지 못한 내용을 교재로(간접경험) 배우기 때문이다.

(2) 실천 학문이기 때문에 경험을 해 보는 게 중요하다.

(3) 예제와 연습문제를 부단히 풀어야 한다.

(4) 문제를 읽을 때 본인이 해당 회사 회계담당자라고 생각하고 읽어라.

5. 공부방법

(1) 예습 : 14회 수업 중 2회 정도만 예습을 요구할 것임

(2) 수업시간(4시간) : 결석 절대로 하지 말고 졸지 말자!!!

(3) 복습 : 중요. 반드시 손으로 복습. 눈으로 읽기만 하면 안된다.

6. 질문

(1) 오프라인 : 수업 쉬는 시간 또는 수업 종료 후 편하게 뭐든지 질문

(2) 온라인 : 내강의실 → 학습Q&A에 질문

Chapter 01

회계의 기초개념

1. 회계의 정의 : 유용한 정보 제공

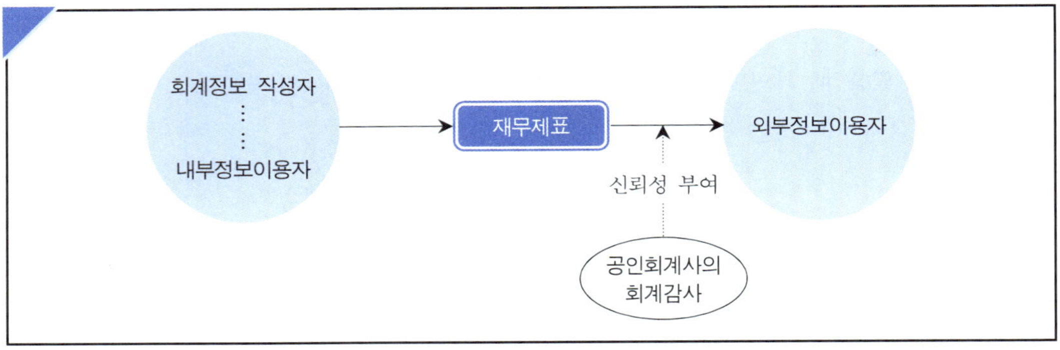

2. 회계정보이용자 (대표적 정보이용자는 주주와 채권자임)

3. 재무상태표와 포괄손익계산서

(1) 재무상태표 (정태적, 저량, Stock)

① 재무상태표 구성요소(3가지)

구성요소	정의	집	자동차
자산	경제적자원	20억	1억
부채	현재의무	5억	3천만원
자본(순자산)	자산−부채	15억	7천만원

② 재무상태표 등식

자산=부채+자본(순자산)

③ 예제 1-1 재무상태표의 작성

④ 예제 1-2 재무상태의 변동과 재무상태표의 작성

(2) 포괄손익계산서 (동태적, 유량, Flow)

① 포괄손익계산서 구성요소(2가지)

구성요소	정의	사례(이익 발생)	사례(손실 발생)
수익	192페이지	1,000	700
비용	192페이지	(700)	(1,000)
		300 이익	(300) 손실

② 포괄손익계산서 등식

비용 + 이익 = 수익　또는　비용 = 수익 + 손실

③ 예제 1-3 포괄손익계산서의 작성

4. 재무상태표와 포괄손익계산서의 관계

(1) 재무상태표만 작성한다고 생각하고 예제1-3 풀이 (수익과 비용을 이익잉여금에 직접 기록)

(2) 포괄손익계산서까지 작성한다고 생각하고 예제1-3 풀이 (수익과 비용을 따로 기록)

① 자산 + 비용 = 부채 + 자본 + 수익

② 예제1-3 풀이

5. 회계기간

6. 계정의 의의

(1) 계정(Account) : 화폐금액을 적는 장소

(2) 계정과목 : 장소의 이름

(3) 계정에 기록하는 방법

자산 + 비용 = 부채 + 자본 + 수익

7. 거래의 의미와 거래의 이중성

(1) 회계상 거래의 조건 (2가지)

① 회계상 거래는 재무상태에 영향을 미쳐야 한다.

⇒ 자산, 부채, 자본, 수익, 비용의 증가나 감소가 있어야 한다는 의미임

② 회계상 거래는 금액으로 측정할 수 있어야 한다.

⇒ 재무제표에는 모두 화폐금액으로 표시하기 때문에 화폐금액을 알아야 기록이 가능함

(2) 거래의 이중성 : 복식부기원리의 근원

모든 거래는 차변요소와 대변요소를 항상 동일한 금액으로 영향을 미친다.

① 차변요소 : 자산증가, 비용증가, 부채감소, 자본감소, 수익감소

② 대변요소 : 자산감소, 비용감소, 부채증가, 자본증가, 수익증가

(3) 대차평균의 원리

(4) 거래의 10요소

8. 분개와 전기 (예제 1-8)

(1) 총계정원장

(2) 분개장

(3) 포괄손익계산서와 재무상태표 작성

Memo

〈주관식 문제 5〉

(1) 총계정원장

(2) 분개장

(3) 포괄손익계산서와 재무상태표 작성

Memo

Chapter 02

결산과 재무제표 작성

1. 결산의 의의

외부정보이용자에게 유용한 정보를 제공하기 위해서 재무제표를 작성하는 것

2. 기말수정분개

(1) 기말수정분개를 하는 이유

① 발생기준에 따라 당기손익(경영성과)과 재무상태를 적정하게 계상하기 위해

② 기중의 오류를 수정하기 위해

(2) 기말수정분개의 유형

① 선급항목 : 선급비용(자산)

② 선수항목 : 선수수익(부채)

③ 미지급항목 : 미지급비용(부채)

④ 미수항목 : 미수수익(자산)

	먼저	적기 (제때)	나중
현금 유입	선수수익 (부채)	수익	미수수익 (자산)
현금 유출	선급비용 (자산)	비용	미지급비용 (부채)
	이연(deferral)		발생(accrual)

Memo

⑤ 추정항목 : 감가상각비

감가상각의 방법(5가지)는 6장(265페이지)에서 배움

여기서는 감가상각을 장부에 반영하는 방법을 배운다고 생각하면 된다.

〈직접 차감 방식〉

〈간접 차감 방식〉

Memo

3. 결산 종합사례

Memo

Memo

Memo

4. 주관식 문제 3번부터 6번

Memo

Chapter 03 상기업의 결산

1. 상품매매거래의 의의

상기업에서는 상품매매거래가 주영업이므로 정보이용자에게 정보를 자세하게 보여주어야 한다. 따라서 매출과 매출원가를 총액으로 포괄손익계산서에 표시되도록 회계처리한다.

2. 상품매매거래의 기장방법

(1) 계속기록법

① 장점 : 정확한 매출원가

② 단점 : 기말재고의 과대계상 가능성

(2) 실지재고조사법

① 장점 : 정확한 기말재고

② 단점 : 매출원가의 과대계상 가능성

3. 상기업 결산사례 (예제 3-3)

4. 순매출액과 순매입액

(1) 순매출액

① 포괄손익계산서에 계상되는 매출액은 순매출액

② 순매출액 = 총매출액 − 매출환입 − 매출에누리 − 매출할인

③ 매출환입, 매출에누리, 매출할인은 매출의 차감계정, 포괄손익계산서에 나타나지 않음

(2) 순매입액

① 포괄손익계산서에 계상되는 매출원가를 계산할 때 사용하는 매입액은 순매입액

② 순매입액 = 총매입액 − 매입환출 − 매입에누리 − 매입할인

③ 매입환출, 매입에누리, 매입할인은 매입의 차감계정, 포괄손익계산서에 나타나지 않음

Memo

5. 종합사례 (예제 3-11)

Memo

Memo

Memo

Chapter 04

회계의 이론체계

1. 회계의 분류

(1) 재무회계 : 외부 정보이용자

(2) 관리회계 : 내부 정보이용자

참고 참고 : 원가회계, 세무회계

2. 일반적으로 인정된 회계원칙(GAAP)과 국제회계기준(IFRS)

(1) 우리나라의 일반적으로 인정된 회계원칙

회계기준	적용기업	근거 법률
한국채택국제회계기준	상장기업 및 금융회사, 공기업 등	주식회사 외부감사에 관한 법률
일반기업회계기준	외부감사대상 주식회사	주식회사 외부감사에 관한 법률
중소기업회계기준	외부감사대상이 아닌 주식회사	상 법

(2) 국제회계기준(IFRS)의 구조

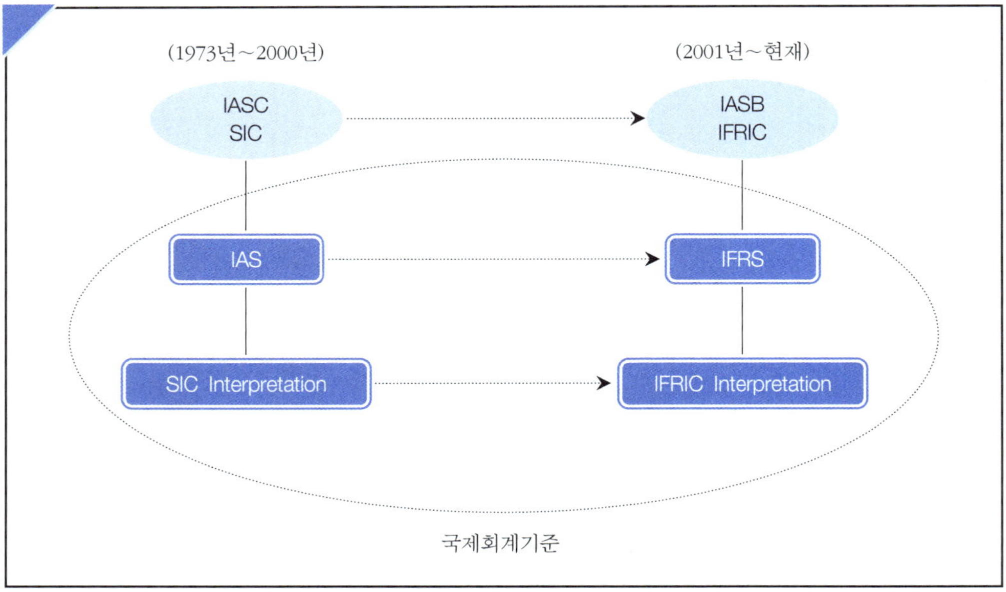

(3) 국제회계기준의 특징

① 대다수 국가의 협업을 통해 제정되는 기준

② 원칙 중심

③ 연결재무제표가 주재무제표

④ 공정가치 측정이 확대 → 재무상태표 중심적 사고

(4) 한국채택국제회계기준 (K-IFRS) : 한글로 번역한 것에 불과

3. 재무보고를 위한 개념체계

(1) 의의

GAAP 제정기관(IASB)이 GAAP을 제정, 개정하는데 도움을 주는 개념적 틀

※ O, X 문제

- 개념체계는 GAAP이다. ( )
- 기업이 회계처리를 함에 있어서 GAAP보다 개념체계를 우선 적용한다. ( )

(2) 개념체계의 구조

1장 일반목적재무보고의 목적

2장 유용한 재무정보의 질적 특성

3장 재무제표와 보고기업

4장 재무제표의 요소

5장 인식과 제거

6장 측정

7장 표시와 공시

8장 자본 및 자본유지개념

(3) 일반목적재무보고의 목적

① 다양한 외부정보이용자를 주주, 채권자로 단순화 (정보욕구 파악을 쉽게 하기위해)

② 주주, 채권자의 정보욕구 : 미래 순현금흐름의 예측에 도움이 되는 정보

③ 재무제표는 과거정보를 담은 그릇이지만 해당 기업의 미래 순현금흐름을 예측하는데 도움을 준다.

④ 결론 : 재무제표를 작성해서 제공하면 유용한 정보제공이라는 목적을 달성한다.

(4) 유용한 재무정보의 질적 특성

① 근본적 질적 특성

㉮ 목적적합성

㉯ 충실한 표현

② 보강적 질적 특성

㉮ 비교가능성

㉯ 검증가능성

㉰ 적시성

㉱ 이해가능성

(5) 재무제표 요소의 정의

① 자산 : 경제적자원

② 부채 : 현재의무

③ 자본 : 순자산장부금액

참고 시가총액 = 발행주식수 × 주가

④ 수익

㉮ 정의

(차) 자산	×××	(대) 수익	×××
또는 부채	×××		

㉯ 자본거래 제외 (예, 유상증자)

⑤ 비용

㉮ 정의

(차) 비용	×××	(대) 자산	×××
		또는 부채	×××

㉯ 자본거래 제외 (예, 현금배당)

(6) 재무제표 요소의 측정(화폐금액을 부여하는 것)

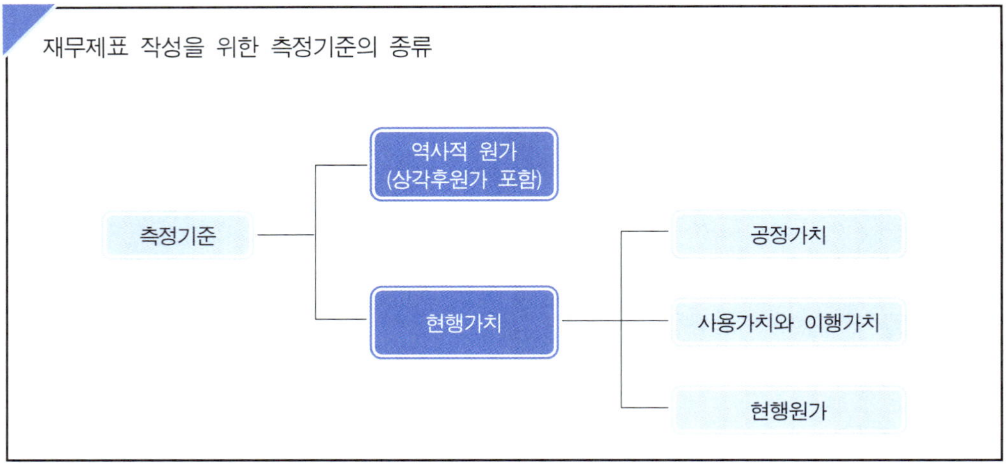

4. 재무제표 : 기준서 제1001호

(1) 재무제표 작성과 관련된 일반사항

① 공정한 표시와 한국채택국제회계기준의 준수

② 계속기업

③ 발생기준회계

④ 중요성과 통합표시

⑤ 상계

㉮ 국민은행과 거래해서 예금(자산)이 5억, 차입금(부채)이 8억 있을 때 어떻게 표시?

㉯ 국민은행에서 받은 이자수익이 1억, 이자비용이 3억 있을 때 어떻게 표시?

㉰ 차감적 평가계정(감가상각누계액, 대손충당금, 재고자산평가충당금, 현재가치할인차금 등)

→ 상계표시에 해당하지 않는다. 직접차감이 아니고 간접차감하는 방법임

⑥ 보고빈도

⑦ 비교정보

(2) 재무상태표

① 대차대조표(balance sheet)라고 불러도 됨, 앞으로 B/S라고 적으면 재무상태표로 보자

② 유동과 비유동의 구분 : 3가지 중 선택

㉮ 유동성/비유동성 구분법 : 삼성전자 재무제표

㉯ 유동성 배열법 : 신한은행 재무제표

주의 해당 기업이 유동성/비유동성 구분법보다 유동성 배열법이 더 목적적합하다는 것을 증명해야 적용가능 (금융회사만 가능하다고 이해)

㉰ 두 가지 혼합표시 방법 : 연결대상에 제조기업과 금융회사가 함께 있는 경우

③ 유동과 비유동 구분기준

원칙 : 12개월 기준 (보고기간말로 판단함에 주의)

보완 : 정상영업주기 (정상영업주기가 12개월을 초과하는 기업만)

(3) 포괄손익계산서

① 손익거래 결과물(NI, OCI)을 모두 표시

② 총포괄손익(CI) = 당기순이익(NI) + 기타포괄손익(OCI)

③ 포괄손익계산서 표시방법 : 2가지 중 선택

④ 포괄손익계산서에 표시되는 기타포괄손익 : 당기변동분

재무상태표에 표시되는 기타포괄손익누계액 : 당기말 잔액

Chapter 05

재고자산

1. 5장의 개요 : 기준서 제1002호

(1) 보유 목적 : 판매목적

(2) 취득원가 = 매입가격 + 매입부대원가(매입부대비용)

(3) 구매자의 재고자산 인식시점=판매자의 수익인식시점

(4) 원가배분

재고자산의 원가배분

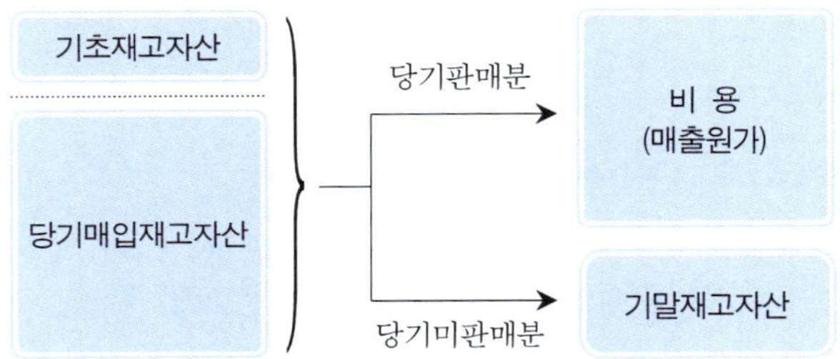

(5) 평가손실, 감모손실

(6) 소매재고법 = 매출가격환원법

(7) 매출총이익법

2. 재고자산 장부기록방법

(1) 계속기록법

장점 : 정확한 매출원가

단점 : 기말재고의 과대계상 가능성

① 계속기록법 회계처리

구 분	회계처리			
상품매입시	(차) 재고자산	xxx	(대) 현금, 매입채무	xxx
상품매출시	(차) 현금, 매출채권 (차) 매출원가	xxx xxx	(대) 매출 (대) 재고자산	xxx xxx
결 산 시	회계처리 없음			

② 기말재고자산가액의 결정과정

기초재고자산가액 + 당기매입액 − 판매된 재고자산의 취득원가(매출원가) = 기말재고자산가액

(2) 실지재고조사법

장점 : 정확한 기말재고

단점 : 매출원가의 과대계상 가능성

① 실지재고조사법 회계처리

구 분	회계처리			
상품매입시	(차) 매입	xxx	(대) 현금, 매입채무	xxx
상품매출시	(차) 현금, 매출채권	xxx	(대) 매출	xxx
결 산 시	(차) (기말)재고자산 매출원가	xxx xxx	(대) (기초)재고자산 매입	xxx xxx

② 매출원가의 결정과정

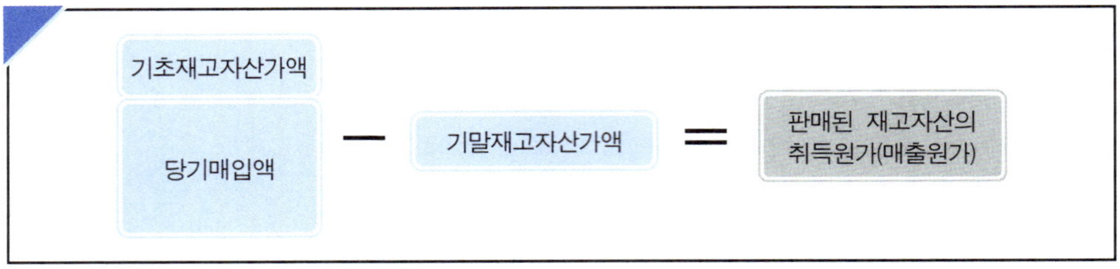

(3) 결론 : 실무에서는 두가지 방법을 병행

① 기중에 재고수불부라는 보조장부를 작성하여 장부상 재고를 파악함

② 기말에 실지재고조사를 통하여 실지 재고를 파악함

③ 장부상 재고 − 실지 재고 = 감모손실

3. 원가배분 (재고자산의 단위원가 결정방법)

(1) 4가지 경우의 수

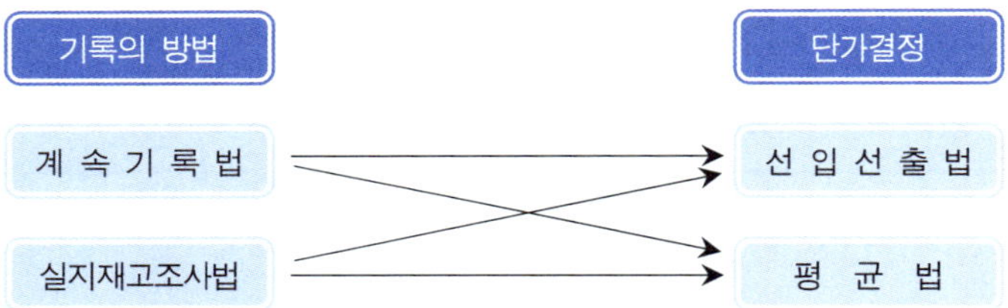

(2) 예제 5-1, 5-2번 문제 풀이

Memo

(3) 단위원가 결정방법의 종류

① 통상적으로 상호 교환될 수 없는 재고 : 개별법

② 통상적으로 상호 교환가능한 대량의 재고 : 선입선출법, 평균법

〈선입선출법〉

장점 : 실제물량흐름과 유사, 기말재고자산이 현행원가의 근사치가 됨

단점 : 현행수익와 과거원가 대응, 물가상승시 당기순이익이 가장 큼(법인세 조기납부)

〈평균법〉

장점 : 실무적 적용이 간편

단점 : 수익과 비용의 적절한 대응이 어려움

(4) 물가상승시 원가흐름의 가정 간의 크기비교

기말재고자산 : 선입선출법 > 이동평균법 > 총평균법

매 출 원 가 : 선입선출법 < 이동평균법 < 총평균법

당 기 순 이 익 : 선입선출법 > 이동평균법 > 총평균법

(5)

	×1	×2
매출	일정	일정
매출원가	↓②	↑⑤
기초	일정	↑④
매입	일정	일정
기말	↑①	일정
당기순이익	↑③	↓⑥

B/S

(주)나무 20×1.12.31

		부 채	
⋮			
		자 본	
재고자산	×××	(1)	
		(2)	
⋮		(3)	
		(4)	
		(5) 이익잉여금	×××
계	100억	계	100억

Memo

4. 평가손실, 감모손실

(1) 저가법 = Min[취득원가, 순실현가능가치]

(2) 평가손실과 평가손실환입 사례

① 자료정리

	20×8년초	20×8년말	20×9년말
취득원가	10,000	20,000	22,000
순실현가능가치	?	16,000	19,000

② 부분 B/S 표시

	20×8년말	20×9년말
상　　품	20,000	22,000
재고자산평가충당금	(4,000)	(3,000)
	16,000	19,000

③ 회계처리

(3) 감모와 평가 종합사례

① 자료파악

기초 상품재고 30, 기초 재고자산평가충당금 1

당기 매입 70

기말 상품장부재고 25, 실지재고 20, 순실현가능가치 13

감모손실 중 40%만 정상감모, 나머지는 비정상감모

② 경우의 수 (출제자의 의도)

감모손실	평가손실
정상, 비정상 모두 매출원가	전액 매출원가
정상은 매출원가, 비정상은 기타비용	전액 기타비용
정상, 비정상 모두 기타비용	

Memo

③ 회계처리

④ 부분 B/S 표시

	1/1			12/31
상 품	30			20
재평충	(1)			(7)
	29			13

⑤ 기말 상품 재고 파악이 핵심

장부재고 = 장부수량 × 장부단가

감모손실

실지재고 = 실지수량 × 장부단가

평가충당금 (B/S 잔액)

저가재고 = 실지수량 × 저가

⑥ 그림 이용법

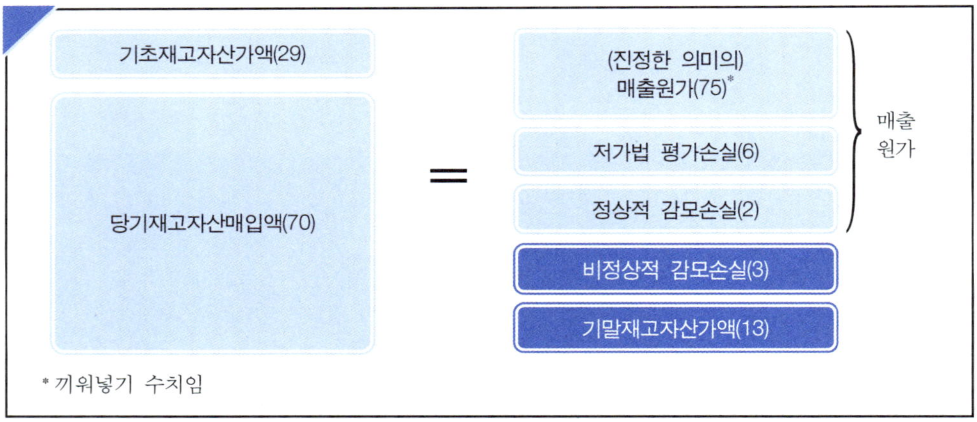

Memo

(4) 감모와 평가 : 예제 5-7

① 자료파악

기초 상품재고 100,000, 기초 재고자산평가충당금 0

당기 매입 600,000

기말장부재고 = 장부수량 × 장부단가 = 200개 × 800 = 160,000

기말실지재고 = 실지수량 × 장부단가 = 100개 × 800 = 80,000

기말저가재고 = 실지수량 × 저가 = 100 × 600 = 60,000

감모손실 중 60%만 정상감모, 정상감모만 매출원가, 평가손실은 전액 매출원가

② 부분 B/S 표시

	1/1			12/31
상 품	100,000			80,000
재평충	(0)			(20,000)
	100,000			60,000

③ 회계처리

④ 그림 이용법

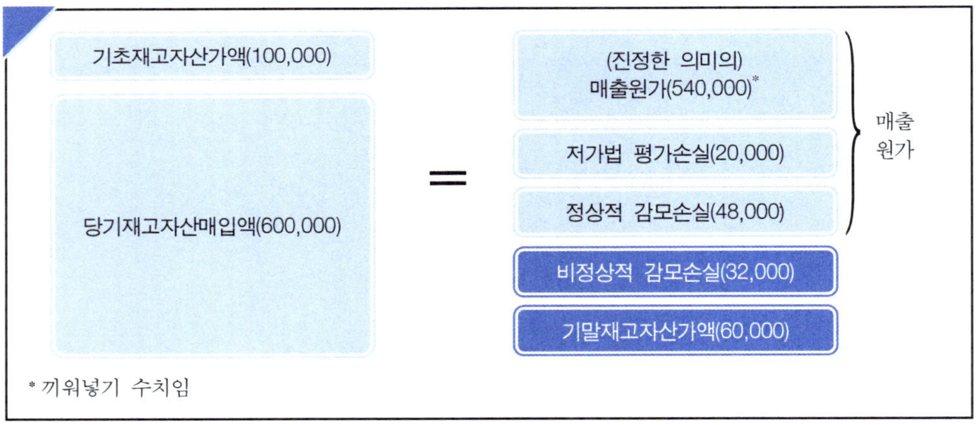

Memo

5. 재고자산의 취득원가

(1) 매입가격 + 매입부대원가

(2) 매출원가 계산시 매입액은 항상 순매입액임을 명심

순매입액 = 총매입액 − 매입환출 − 매입에누리 − 매입할인

6. 구매자의 재고자산 인식시점 : 기말재고에 가산하여야 할 사항

(1) 가산해야 하는 이유

기 초	30	
매 입	70	창고 실사 실지재고 : 20
기 말	(20)	타처 보관재고 : 5
매출원가	80	(실사에 포함되지 않음)

(2) 가산의 조건

① 재고자산의 소유권을 가지고 있다.

② 재고실사금액에 포함되어 있지 않았다.

③ 기말까지 수익인식하지 않았다.

(3) 기말재고에 가산하여야 할 사항

① 미착품 = 운송중인상품

구 분	판매자 수익인식시점	기말재고에 포함여부
선적지 인도기준	선적시점에 인식	판매자 : 제외 구매자 : 포함
도착지 인도기준	도착시점에 인식	판매자 : 포함 구매자 : 제외

주의

운송회사가 수령하는 운반비를 누가 지급해야 하는가?

원 칙	양자 자율 결정		
예 외	운임에 대한 언급이 없으면 재고소유자가 부담	선적지인도기준	구매자가 운임지급
		도착지인도기준	판매자가 운임지급

② 적송품 (위탁판매)

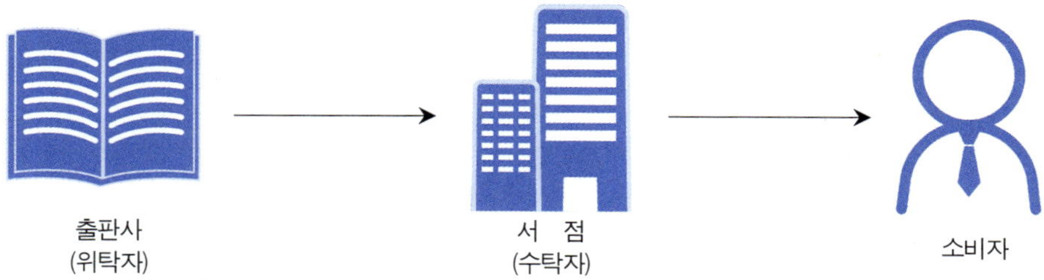

③ 시송품 (시용판매)

④ 저당상품 : 담보차입

〈사 례〉

상품을 담보로 금융기관에서 1,000 차입

(차) 현　　금　1,000　(대) 차　입　금　1,000

담보제공사실은 주석으로 공시

예 제

(주)대한은 20×3년 12월 31일 실사를 통하여 창고에 보관 중인 상품이 ₩200,000(원가)인 것으로 확인하였다. 다음의 자료를 고려한 ㈜대한의 기말상품재고액은 얼마인가? (단, 재고자산감모손실 및 재고자산평가손실은 없다.) (세무사 2014)

- ㈜대한이 고객에게 인도한 시송품의 원가는 ₩90,000이며, 이 중 3분의 1에 대해서는 기말 현재 고객으로부터 매입의사를 통보받지 못하였다.
- ㈜대한이 ㈜한국으로부터 도착지인도조건으로 매입하여 기말 현재 운송중인 상품의 원가는 ₩80,000이며 20×4년 1월 10일 도착 예정이다.
- ㈜대한과 위탁판매계약을 체결한 ㈜세무에서 기말 현재 판매되지 않고 보관중인 상품의 원가는 ₩60,000이다.
- ㈜대한이 ㈜세종으로부터 선적지인도조건으로 매입하여 기말 현재 운송중인 상품의 원가는 ₩30,000이며 20×4년 1월 20일 도착 예정이다.

① ₩200,000 ② ₩260,000 ③ ₩290,000
④ ₩320,000 ⑤ ₩360,000

정답 ④

해설 20×3년 말 기말재고금액

기말재고 실사금액	₩200,000
① 시송품	30,000
② 미착상품 (도착지인도조건)	–
③ 위탁품	60,000
④ 미착상품 (선적지인도조건)	30,000
수정후 기말재고	₩320,000

Memo

7. 소매재고법 (매가환원법)

(1) 적용조건

① 이익률이 유사

② 품종변화가 심한 다품종 상품을 취급하는 유통업

③ 실무적으로 다른 원가측정방법을 사용할 수 없는 경우

(2) GAAP에서 인정하지만 재고실사를 하지 않는 간편법임에 유의

(3) 기본원리 : 예제 5-3

판매가능 상품			=	매출원가 + 기말재고		
	원 가	매 가			원 가	매 가
기 초	80,000	120,000		매 출	?	800,000
순 매 입	520,000	880,000		기말재고	?	200,000
	600,000	1,000,000			600,000	1,000,000

8. 매출총이익법

(1) GAAP에서 인정하지 않음

(2) 화재, 홍수, 도난 등으로 창고재고 파악이 불가능할 때 기말재고를 추정하는 방법

(3) 매출총이익률 이용하는 방법 : 예제 5-4

$$매출총이익률 = \frac{매출총이익}{매출액} = \frac{200}{1,000} = 20\%$$

$$매출원가율 = \frac{매출원가}{매출액} = \frac{800}{1,000} = 80\%$$

(4) 원가에 대한 이익률 이용하는 방법 : 중급회계

$$원가대비\ 매출총이익률 = \frac{매출총이익}{매출원가} = \frac{200}{800} = 25\%$$

Chapter 06 유형자산과 무형자산

1. 6장의 개요 : 기준서 제1016호 (유형자산)

(1) **보유 목적** : 계속 보유 (주영업에 사용하면서), 한 회계기간 이상 사용

(2) **취득원가**

① 구입가격

② 직접 관련되는 원가, 가산항목 : 6가지

③ 복구추정원가 : 중급회계

(3) **감가상각** : 원가의 배분과정 (유형자산의 비용화과정, 일부 제거 과정)

(4) **재평가모형** : 선택규정

(5) **제거** : 유형자산 처분, 감가상각도 일부 제거과정임에 주의

1.1 6장의 개요(계속) : 기준서 제1038호 (무형자산)

(1) **보유 목적** : 특정하지 않음 (무형자산으로 분류될 가능성을 제한하지 않기 위해)

주의 무형자산 되기 위한 조건

① 식별가능성

② 통제

③ 미래경제적효익

(2) **취득원가**

① 개별 취득

ⓐ 구입가격

ⓑ 직접 관련되는 원가

② 사업결합으로 인한 취득 : 공정가치로 최초 측정

③ 내부창출 : 개발단계만 생각하면 됨

(3) **상각** : 원가의 배분과정 (무형자산의 비용화과정, 일부 제거 과정)

(4) **재평가모형** : 선택규정

(5) **제거** : 무형자산 처분, 상각도 일부 제거과정임에 주의

2. 유형자산의 인식

2.1 인식기준

① 유입될 가능성이 높다.

② 원가(cost)를 신뢰성 있게 측정

※ O, X 문제

- 중요한 예비부품과 대기성 장비로서 한 회계기간 이상 사용할 것이 예상되는 경우에는 이를 재고자산으로 분류한다. ( )
- 예비부품과 수선용구가 특정 유형자산에만 연계되어 사용될 수 있다면 유형자산으로 분류한다. ( )
- 유형자산과 관련된 모든 원가(최초 원가와 후속 원가)는 그 발생시점에 인식기준을 적용하여 평가한다. ( )

2.2 최초 원가

2.3 후속 원가

① 일상적인 수선유지비 : 인식기준 충족 못하기 때문에 비용처리

② 용광로의 내화벽돌, 항공기 좌석, 인테리어 벽 대체 : 인식기준 충족하면 자산인식

③ 정기적인 종합검사 : 인식기준 충족하면 자산인식

3. 인식시점의 측정

3.1 원가의 구성요소

(1) 구입가격

* 세금 ┌ 취득관련(취득세 등) → 취득원가에 가산
└ 사용보유관련(재산세, 자동차세 등) → 당기 비용

(2) 직접 관련되는 원가

① 가산항목 : 6가지

- 매입 또는 건설과 직접적으로 관련된 종업원급여
- 설치장소 준비 원가
- 최초의 운송 및 취급 관련 원가
- 설치원가 및 조립원가
- 시운전원가
- 전문가 수수료

(3) 복구추정원가 : 중급회계

3.2 원가의 측정 (취득유형별 취득원가 측정방법)

(1) 외부구입 : 예제 6-1

(2) 일괄구입 : 상대적 공정가치를 기준으로 배분, 예제 6-2

(3) 현물출자 (주식발행으로 인한 자산 취득) : 예제 6-3

1순위 : 취득하는 유형자산의 공정가치

2순위 : 발행 · 교부한 주식의 공정가치

(4) 자가건설 : 예제 6-4

참고 금융자산의 최초 측정 : 공정가치 (7장 참조)

〈사례 1 : Cost = 700, FV = 1,000〉

(차) 금 융 자 산	1,000	(대) 현 금		700
			[ ]	300

〈사례 2 : Cost = 1,300, FV = 1,000〉

(차) 금 융 자 산	1,000	(대) 현 금	1,300
[ ]	300		

4. 감가상각

(1) 감가상각대상금액(= 취득원가 − 잔존가치)을 기초로 계산하는 방법

정액법, 연수합계법, 비례법

(2) 장부금액(= 취득원가 − 감가상각누계액)을 기초로 계산하는 방법

정률법, 이중체감법

(3) 정리할 개념

① 감가상각은 원가배분과정 : 자산을 평가하는 과정이 아님

② 감가상각방법, 내용연수, 잔존가치 : 매년 말 재검토

5. 제거 : 유형자산의 처분 (예제 6-10)

6. 재평가모형 : 토지 (예제 6-11)

Memo

6. 무형자산으로 정의되기 위한 조건 : 3가지 모두 충족해야 함

(1) 식별가능성

① 분리 매각 가능

② 계약상 권리, 기타 법적 권리

※ O, X 문제

- 자가창설영업권은 재무상태표에 무형자산으로 인식할 수 있다. ( )
- 매입영업권은 재무상태표에 무형자산으로 인식할 수 없다. ( )

(2) 자원에 대한 통제

※ O, X 문제

- 기업이 숙련된 종업원을 보유하고 있고, 숙련된 기술을 계속 이용할 수 있을 것이라고 기대한다면 무형자산의 정의를 충족한다. ( )

(3) 미래경제적효익의 존재

7. 무형자산의 인식과 측정

인식 조건 : 높다, 원가 (유형자산과 동일)

7.1 개별 취득

(1) 구입가격

(2) 직접 관련되는 원가

7.2 사업결합으로 인한 취득 : 예제 6-13

(1) 기준서 제1103호 '사업결합' 적용

(2) 취득하는 자산과 인수하는 부채 : 모두 공정가치로 측정

(3) 영업권 = 이전대가 − 피취득자의 순자산공정가치

(4) 매입영업권은 무형자산으로 인식함

(5) 매입영업권은 내용연수가 비한정인 것으로 보고 상각하지 않음

(6) 매입영업권은 상각하지 않으므로 매년 손상검사해서 비용화

(7) 매입영업권은 손상차손환입 인식불가능

Memo

7.3 내부적으로 창출한 무형자산 : 개발비 (개발중인자산, 개발자산 모두 같은 용어)

(1) 연구단계인지 개발단계인지 구분

구 분	사 례
연구활동	① 새로운 지식을 얻고자 하는 활동 ② 연구결과나 기타 지식을 탐색, 평가, 최종 선택, 응용하는 활동 ③ 재료, 장치, 제품, 공정, 시스템이나 용역에 대한 여러 가지 대체안을 탐색하는 활동 ④ 새롭거나 개선된 재료, 장치, 제품, 공정, 시스템이나 용역에 대한 여러 가지 대체안을 제안, 설계, 평가, 최종 선택하는 활동
개발활동	① 생산이나 사용 전의 시제품과 모형을 설계, 제작, 시험하는 활동 ② 새로운 기술과 관련된 공구, 지그, 주형, 금형 등을 설계하는 활동 ③ 상업적 생산 목적으로 실현가능한 경제적 규모가 아닌 시험공장을 설계, 건설, 가동하는 활동 ④ 신규 또는 개선된 재료, 장치, 제품, 공정, 시스템이나 용역에 대하여 최종적으로 선정된 안을 설계, 제작, 시험하는 활동

(2) 단계별 회계처리

연구단계	→	개발단계	→	생산단계
발생시점의 비용으로 인식		6가지 사항을 모두 제시할 수 있는 경우에만 무형자산으로 인식하고, 그렇지 않으면 발생기간의 비용 인식		무형자산 상각이 제조와 관련 있으면 제조원가에 반영하고, 그렇지 않으면 발생기간의 비용 인식

(3) 개발단계 자산성 충족시점

① 개발비(무형자산)가 6가지 인식기준을 최초로 충족한 이후에 발생한 지출금액의 합으로 함

② 이미 무형자산의 인식기준을 충족하지 못하여 비용으로 인식한 지출은 이후에 무형자산의 인식기준을 충족하더라도 소급하여 무형자산의 취득원가로 인식할 수 없음

※ O, X 문제

- 상업적 생산 초기단계에서의 시험생산과 관련된 비용은 자산인식요건이 충족되는 경우에 무형자산인 개발비(무형자산)로 계상한다. ( )
- 연구개발 활동의 특성상 연구단계와 개발단계를 구분할 수 없는 경우에는 특정 프로젝트에서 발생한 지출을 모두 개발단계에서 발생한 것으로 본다. ( )

Memo

8. 상각 : 유형자산과 차이점만 기억

(1) 내용연수가 유한인지, 비한정인지 구분 : 중급회계

① 유한한 경우 내용연수에 걸쳐 상각

② 비한정인 경우 상각하지 않고 매년 손상검사를 통해 비용화 : 중급회계

(2) 소비되는 형태를 신뢰성 있게 결정할 수 없는 경우에는 정액법을 사용한다.

(3) 무형자산의 잔존가치는 특별한 경우를 제외하고는 영(0)으로 본다.

(4) 기업은 매 회계기간마다 내용연수가 비한정이라는 평가가 정당한지 검토한다. 만일 검토 결과 비한정이라는 평가를 정당화할 수 없다면 내용연수가 유한한 무형자산으로 변경해야 하며, 이 경우에는 회계추정의 변경으로 회계처리한다.

※ O, X 문제

- 무형자산이 계약상 권리 또는 기타 법적 권리로부터 발생하는 것이라면 내용연수는 계약상 권리 또는 기타 법적 권리의 기간을 초과할 수는 없으나, 자산의 예상사용기간에 따라 더 짧을 수는 있다. ( )

Memo

Chapter 07/08 화폐의 시간가치와 사채

1. 7장과 8장의 개요 : 기준서 제1109호

(1) 화폐의 시간가치

(2) 현재가치의 회계처리방법 : 유효이자율법

(3) 사채

① 액면발행

② 할인발행

③ 할증발행

(4) 사채의 만기상환과 조기상환

2. 화폐의 시간가치

(1) 일시금의 미래가치와 현재가치

(2) 연금의 현재가치

(3) 현재가치의 회계처리방법

① 액면이자율 = 유효이자율 : 예제 7-12, 사채의 경우 액면발행과 동일

② 액면이자가 없는 경우 : 예제 7-13

③ 액면이자율 < 유효이자율 : 예제 7-14, 사채의 경우 할인발행과 동일

Memo

Memo

Memo

3. 사채

(1) 사채의 의의 : 자금조달수단

참고 용어의 정의

- 지분상품 : 주식이라고 생각하면 됨. 주식의 투자자입장은 자산, 주식의 발행자입장은 자본
- 채무상품 : 사채라고 생각하면 됨. 사채의 투자자입장은 자산, 사채의 발행자입장은 부채

(2) 사채발행의 유형

① 액면발행 : 액면이자율 = 유효이자율

② 할인발행 : 액면이자율 < 유효이자율

③ 할증발행 : 액면이자율 > 유효이자율

4. 사채의 만기상환과 조기상환 : 예제 8-4

5. 이자지급기간과 회계연도의 불일치 : 주관식 문제 4

6. 이자지급일이 연 2회인 사채 : 주관식 문제 5

Memo

Memo

Memo

Chapter 07 금융자산

1. 금융상품의 정의 및 분류

(1) 금융상품의 정의 : 계약

A	B
금융자산(7장)	금융부채(8장) 또는 지분상품(10장 , 여기서는 자본을 의미)

(2) 금융자산의 분류 및 측정

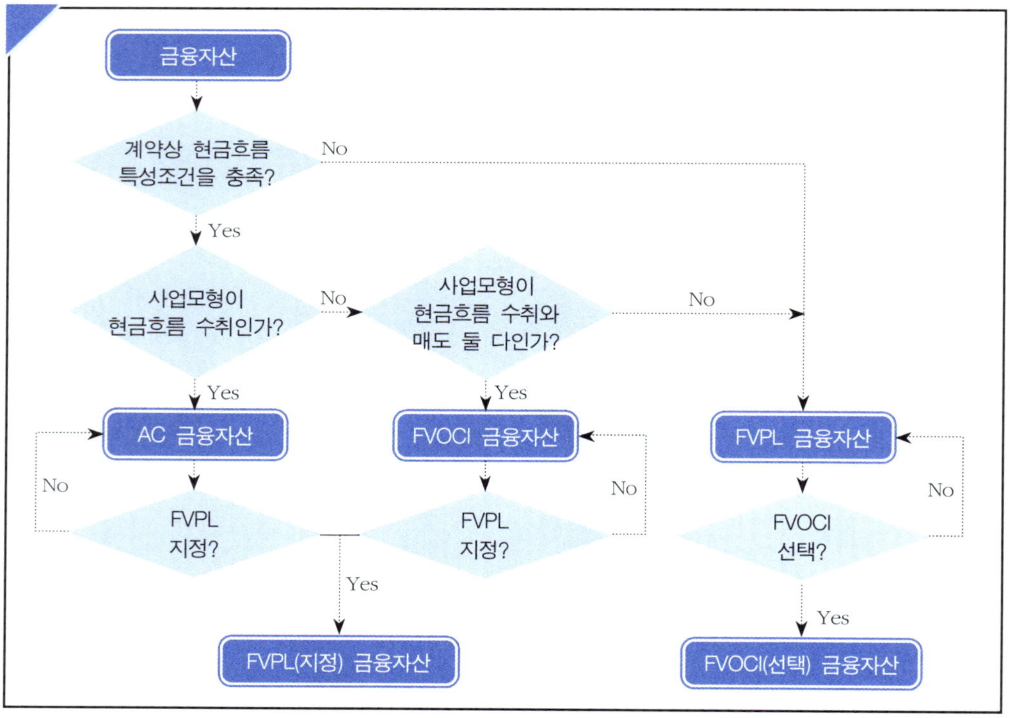

Memo

2. 현금 및 현금성자산

(1) 현금

① 통화 : 지폐와 동전, 외화 포함

② 통화대용증권 : 타인발행당좌수표, 자기앞수표, 송금환, 우편환, 배당금지급통지표, 지급일이 도래한 국공채 이자표, 만기도래어음

③ 요구불예금 : 보통예금, 당좌예금

(2) 현금성자산

① 현금으로 전환이 용이

② 가치변동 위험이 중요하지 않은 (그래서 주식이 안됨)

③ 취득당시 만기가 3개월 이내

〈사 례〉
양도성예금증서(90일만기), 환매채(91일만기)

주의할 항목

① 우표, 수입인지 : 금액이 작으면 즉시 비용, 금액이 중요하면 일단 자산 사용하면 비용

② 직원가불금, 차용증서 : 대여금

③ 선일자수표 : 기말현재 매출채권이나 미수금

④ 당좌개설보증금(별단예금) : 장기예금 (인출제한 내역을 주석으로 공시해야 함)

⑤ 타인발행약속어음 : 매출채권, 미수금, 대여금

⑥ 당좌차월 : 차입금

⑦ 부산지점 전도금 : 현금

Memo

3. 금융자산–대여금 및 수취채권

(1) 매출채권, 미수금, 대여금 ↔ 매입채무, 미지급금, 차입금

구분	받을 돈	줄 돈
상품(제품) 매매거래 (주영업)	매출채권	매입채무
그 외 자산 매매거래	미수금	미지급금
금전대차거래	대여금	차입금

(2) 금융자산이 아닌 기타의 채권

(3) 대손에 관한 회계처리

구 분	회계처리
대손확정시(기중)	(차) 대손충당금 ×××　(대) 매출채권 ××× 　　 대손상각비 ×××
대손처리한 채권의 회수	(차) 현　　　금 ×××　(대) 대손충당금 ×××
결산시	〈대손확정된 채권〉 (차) 대손충당금 ×××　(대) 매출채권 ××× 　　 대손상각비 ××× 〈대손추정된 채권〉 (차) 대손상각비 ×××　(대) 대손충당금 ××× 또는 (차) 대손충당금 ×××　(대) 대손충당금환입 ×××

Memo

4. FVPL 금융자산 (주식)

(1) 최초 측정

공정가치, 취득과 관련된 거래원가는 당기비용으로 처리

(2) 후속 측정

공정가치, 평가손익은 당기손익으로 인식

(3) 제거

처분과 관련된 거래원가는 처분금액에서 직접 차감하여 순처분가액으로 회계처리

(4) 주식이므로 현금배당을 수령하면 배당금수익을 당기수익으로 인식

Memo

5. FVOCI 선택 금융자산 (주식)

(1) 최초 측정

공정가치, 취득과 관련된 거래원가는 취득원가에 가산

(2) 후속 측정

공정가치, 평가손익은 기타포괄손익으로 인식

(3) 제거

① 처분과 관련된 거래원가는 처분금액에서 직접 차감하여 순처분가액으로 회계처리

② FVOCI 선택 금융자산을 처분하면 처분시점에 공정가치 평가를 통해 금융자산평가손익을 기타포괄손익으로 먼저 인식하고 처분의 회계처리를 한다. 따라서 FVOCI 선택 금융자산을 처분하면 금융자산처분손익(당기손익)은 발생하지 않는다.

(차)	FVOCI 선택 금융자산	×××	(대)	금융자산평가이익(OCI)	×××
(차)	현　　　　　금	×××	(대)	FVOCI 선택 금융자산	×××

(4) 주식이므로 현금배당을 수령하면 배당금수익을 당기수익으로 인식

Memo

6. 취득과 처분시 발생하는 수수료 정리

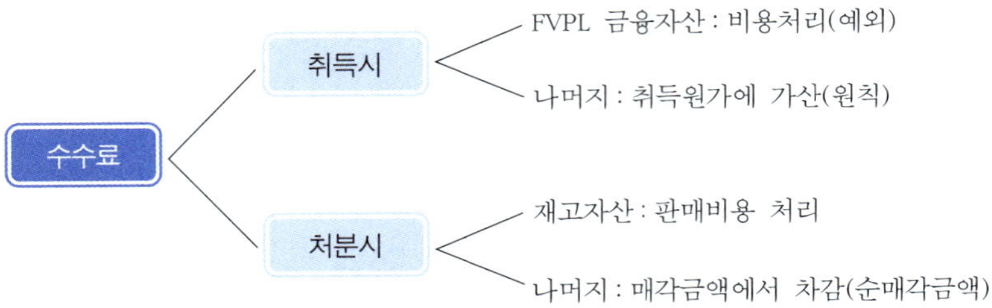

7. AC 금융자산 (사채만)

(1) 최초 측정

공정가치, 취득과 관련된 거래원가는 취득원가에 가산

(2) 후속 측정

상각후원가로 측정

(3) 유효이자율법에 따라 유효이자를 이자수익으로 인식

8. 상각후원가

그 시점에 남아 있는 미래 현금흐름을 역사적 시장이자율로 현재가치한 금액

역사적 시장이자율 : 최초 거래시점의 시장이자율(최초 거래시점에는 현행 시장이자율과 동일)
현행 시장이자율 : 지금 시점의 시장이자율

참고 채무상품의 공정가치
남아 있는 미래현금흐름을 현행 시장이자율로 현재가치한 금액

주의 남아 있는 미래현금흐름을 역사적 시장이자율로 현재가치하면 상각후원가임을 명심

Memo

Chapter 09 유동부채 · 충당부채 · 우발부채

1. 부채의 의의

2. 유동부채의 유형과 회계처리

(1) 매입채무 ↔ 매출채권

(2) 미지급금 ↔ 미수금

(3) 미지급비용, 선수수익

(4) 선수금 ↔ 선급금

(5) 예수금

(6) 미지급법인세

(7) 단기차입금 ↔ 단기대여금

(8) 유동성장기차입금 ↔ 유동성장기대여금

(9) 가수금 ↔ 가지급금

3. 충당부채와 우발부채

(1) 충당부채의 인식조건

① 현재의무

② 높다

③ 신뢰성 있게 추정

(2) 우발부채 : 충당부채의 인식조건을 충족하지 못할 경우

(3) 충당부채는 재무상태표에 부채로 인식, 우발부채는 주석공시

Chapter 10 지분상품과 자본

1. 10장의 개요 : 기준서 보다는 상법(회사법)에 영향 받음

(1) 금융상품의 의의 : 계약

A	B
금융자산(7장)	금융부채(8장) 또는 지분상품(10장, 여기서는 자본을 의미)

(2) 자본의 계정과목에 익숙해지기

(3) 자본은 차변잔액이면 (−), 자본은 대변잔액이면 (+)

(4) 자본 총액에 어떻게 영향을 미치는가?

구 분	회계처리
자본이 증가	(차) 자산 또는 부채 ×××　(대) 자본 ×××
자본이 불변	(차) 자본 ×××　(대) 자본 ×××
자본이 감소	(차) 자본 ×××　(대) 자산 또는 부채 ×××

(5) 자본의 분류

자본의 분류	세부계정	
자본금	보통주자본금, 우선주자본금	
자본잉여금	주식발행초과금, 자기주식처분이익, 감자차익 등	
자본조정	차감계정	자기주식, 주식할인발행차금, 감자차손, 자기주식처분손실
	가산계정	미교부주식배당금 등
기타포괄손익누계액	FVOCI 금융자산평가이익, 재평가잉여금 등	
이익잉여금(결손금)	법정적립금, 임의적립금, 미처분이익잉여금(미처리결손금)	

2. 자본의 의의와 회사의 종류

(1) 자본의 의의

① 자본 = 자산 − 부채

② 자본은 독립적으로 평가하지 않는다.

예 1

종각에 100억 짜리 건물이 있고, 이 건물에 대한 국민은행 차입금이 30억이라면 자본은 얼마이며 자본은 어디에 있는가?

예 2

주식회사를 처음 설립하기 위해 주주로부터 100억의 현금을 출자받아서 국민은행에 예치해 두었을 때 자본은 얼마이며 자본은 어디에 있는가?

(2) 회사의 종류

① 상법 : 출자자(주주)의 책임 범위에 따라

출자자의 책임	회사의 종류
무한책임	합명회사
	합자회사
유한책임	유한책임회사
	유한회사
	주식회사

② 출자자의 책임의 범위에 따라 자본 회계처리는 차이가 있다. 수험목적의 회계공부에서는 주식회사를 전제로 자본 회계처리를 배우고, 합명, 합자, 유한회사의 자본 회계처리는 실무에서 배운다.

3. 자본금

(1) 자본금의 의의

① 액면주식 : 자본금 = 발행주식수 × 액면금액

② 무액면주식 : 자본금은 주식 발행가액 중 1/2 이상의 금액으로 이사회가 결정

※ O, X 문제

- 한 기업이 액면주식과 무액면주식을 모두 발행할 수 있다. ( )

(2) 자본금의 증가와 감소

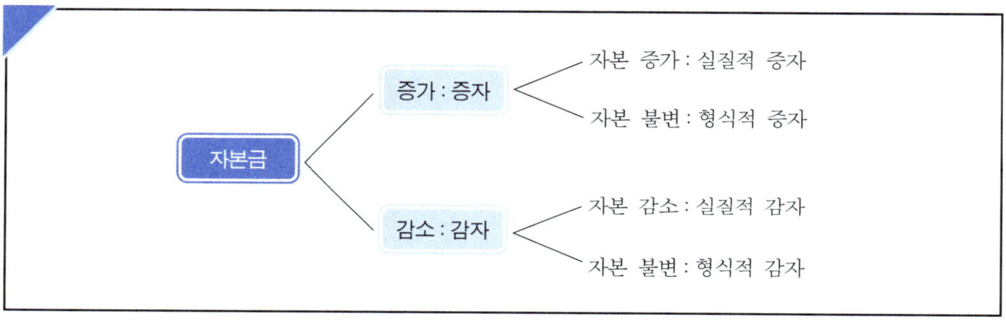

4. 자본잉여금 : 자본거래

(1) 자본잉여금의 종류

주식발행초과금, 감자차익, 자기주식처분이익 등

(2) 자본잉여금의 감소 : 무상증자와 결손보전 (법정적립금과 동일)

Memo

5. 이익잉여금

(1) 이익잉여금의 종류

① 기처분이익잉여금 : 법정적립금, 임의적립금

② 미처분이익잉여금

(2) 이익잉여금의 처분 (도식화)

자본금

자본잉여금

자본조정 : 주식할인발행차금, 감자차손, 자기주식처분손실

기타포괄손익누계액

이익잉여금
- 기처분이익잉여금
  - 법정적립금
  - 임의적립금
- 미처분이익잉여금

(3) 이익잉여금 관련 회계처리

거 래		분 개
결 산 일	전기이월미처분이익잉여금을 미처분이익잉여금으로 대체	전기이월미처분이익잉여금 및 차기이월미처분이익잉여금은 모두 "미처분이익잉여금" 계정으로 표시되므로 별도의 분개는 필요하지 않다.
	당기순이익을 미처분이익잉여금으로 대체	(차) 집합손익(당기순이익) ××× (대) 미처분이익잉여금 ×××
주주총회일	임의적립금의 이입	(차) 임의적립금 ××× (대) 미처분이익잉여금 ×××
	이익잉여금의 처분	(차) 미처분이익잉여금 ××× (대) 이익준비금 ××× 임의적립금 ××× 미지급배당금 ××× 미교부주식배당금 ×××

Memo

(4) 배당관련 용어

① 배당기준일

② 배당결의일 (배당선언일, 주주총회일)

③ 배당지급일

(5) 결손금의 처리 (도식화)

자본금

자본잉여금

자본조정

기타포괄손익누계액

이익잉여금 ─┬─ 기처분이익잉여금 ─┬─ 법정적립금
　　　　　　│　　　　　　　　　　└─ 임의적립금
　　　　　　└─ 미처리결손금

(6) 미처리결손금 관련 회계처리

거 래		분 개
결 산 일	전기이월미처리결손금의 대체	전기이월미처리결손금 및 차기이월미처리결손금은 모두 "미처리결손금" 계정으로 표시되므로 별도의 분개는 필요하지 않다.
	당기순손실의 대체	(차) 미처리결손금 ××× (대) 집합손익(당기순손실) ×××
주주총회일	미처리결손금의 처리	(차) 임의적립금 ××× 법정적립금 ××× 자본잉여금 ××× (대) 미처리결손금 ×××

Memo

6. 자본조정

(1) 자기주식

① 자기주식의 의의

② 자기주식의 회계처리 : 예제 10-9

거 래	회계처리
자기주식 취득시	(차) 자기주식 ××× (대) 현금 ×××
자기주식 매각시 (처분가액 > 취득원가)	(차) 현금 ××× (대) 자기주식 ××× 자기주식처분이익 ××× (자본잉여금)
자기주식 매각시 (처분가액 < 취득원가)	(차) 현금 ××× (대) 자기주식 ××× 자기주식처분이익 ×××* 자기주식처분손실 ×××* * 자기주식처분이익이 먼저 계상되어 있으면 자기주식처분손실을 자기주식처분이익과 우선 상계하고, 미상계된 자기주식처분손실을 인식한다. 자기주식처분이익과 상계되지 않은 자기주식처분손실은 자본조정으로 계상한 후 이익잉여금처분시 미처분이익잉여금과 상계한다.

③ 상계해야 하는 항목 정리

자본잉여금	자본조정
주식발행초과금	주식할인발행차금
감자차익	감자차손
자기주식처분이익	자기주식처분손실

(2) 주식할인발행차금, 자기주식처분손실, 감자차손

① 상계 후에도 잔액이 남으면 자본조정으로 분류한 후 이익잉여금 처분과정에서 미처분이익잉여금과 상계

② 이익잉여금 처분은 해당 연도말이 아니라 그 다음연도 주주총회일에 함에 유의

(3) 미교부주식배당금 (가산항목임에 유의)

Memo

7. 기타포괄손익(OCI)

(1) **포괄손익계산서** : 기타포괄손익 (당기 변동분), 동태적인 금액

(2) **재무상태표** : 기타포괄손익누계액 (당기말 잔액), 정태적인 금액

(3) 재분류에 대한 이해

8. 자본변동표 : 4가지 재무제표 중 하나임

9. 재분류에 대한 이해

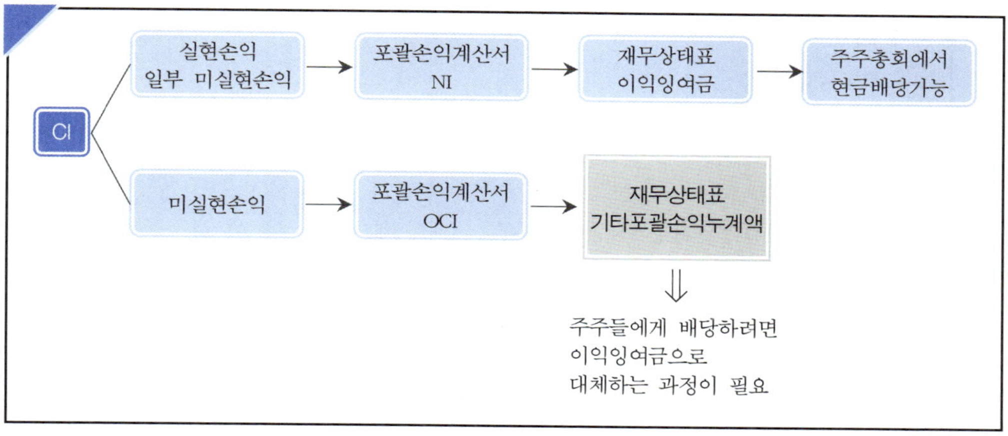

(1) 기타포괄손익누계액의 이익잉여금 대체 방법

① 재분류 금지(재평가잉여금, FVOCI 선택 금융자산)

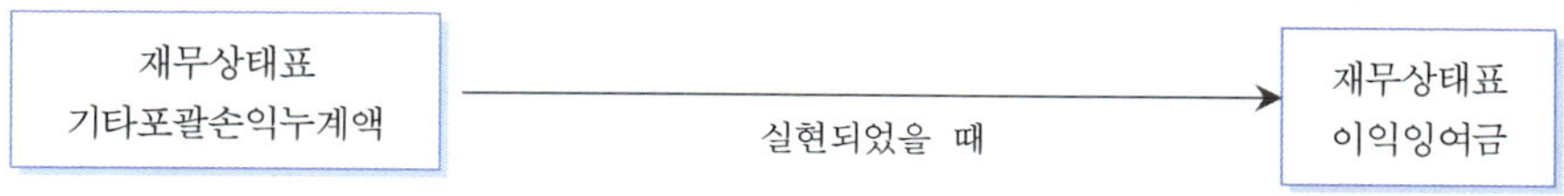

② 재분류 허용(FVOCI 금융자산)

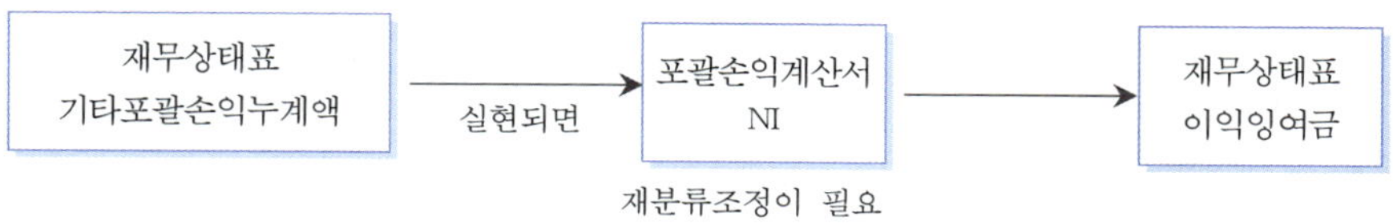

(2) 사례

① 재분류 금지일 경우 회계처리

〈사 례〉

〈20×1년 7월 1일〉

(차) 토 지	100,000	(대) 현 금	100,000

〈20×1년 말〉

(차) 토 지	30,000	(대) 재평가잉여금	30,000

* ₩130,000 − 100,000 = ₩30,000

〈20×2년 말〉

(차) 토 지	20,000	(대) 재평가잉여금	20,000

* ₩150,000 − 130,000 = ₩20,000

〈20×3년 처분시〉

(차) 현 금	200,000	(대) 토 지	150,000
		유형자산처분이익	50,000
(차) 재평가잉여금	50,000	(대) 이익잉여금	50,000

* 선택가능한 회계처리임에 유의하기 바란다.

② 연도별 포괄손익계산서

	20×1	20×2	20×3
수 익	0	0	50,000
비 용	0	0	0
N I	0	0	50,000
O C I			
재평가잉여금	30,000	20,000	0
C I	30,000	20,000	50,000

③ 연도별 부분재무상태표

	20×1. 12. 31	20×2. 12. 31	20×3. 12. 31
자 산			
토 지	130,000	150,000	0
부 채			
자 본			
기타포괄손익누계액			
재 평 가 잉 여 금	30,000	50,000	0
이 익 잉 여 금	0	0	100,000

④ 재평가잉여금이 재분류 허용이라고 가정

〈사 례〉

〈20×1년 7월 1일〉

(차)	토 지	100,000	(대) 현 금	100,000

〈20×1년 말〉

(차)	토 지	30,000	(대) 재 평 가 잉 여 금	30,000

* ₩130,000 − 100,000 = ₩30,000

〈20×2년 말〉

(차)	토 지	20,000	(대) 재 평 가 잉 여 금	20,000

* ₩150,000 − 130,000 = ₩20,000

〈20×3년 처분시〉

(차)	현 금	200,000	(대) 토 지	150,000
	재 평 가 잉 여 금	50,000	유 형 자 산 처 분 이 익	100,000

* 재분류를 허용하므로 기타포괄이익 ₩50,000(누적액)이 당기손익항목 유형자산처분이익으로 대체되어 인식된다.

⑤ 연도별 포괄손익계산서

	20×1	20×2	20×3
수 익	0	0	100,000
비 용	0	0	0
NI	0	0	100,000
OCI			
재평가잉여금	30,000	20,000	(50,000)
CI	30,000	20,000	50,000

⑥ 연도별 부분재무상태표

	20×1. 12. 31	20×2. 12. 31	20×3. 12. 31
자 산			
토 지	130,000	150,000	0
부 채			
자 본			
기타포괄손익누계액			
재평가잉여금	30,000	50,000	0
이익잉여금	0	0	100,000

Memo

문제. 다음의 거래를 보고 예시와 같이 답안에 적으시오

〈예시〉 자본거래(유상증자)

(차) 현 금 1,500,000 (대) 자 본 금 1,000,000
주식발행초과금 500,000

구 분	금 액	자본 구성요소	금 액
자산	₩1,500,000 증가	자본금	₩1,000,000 증가
부채	불변	자본잉여금	₩500,000 증가
자본	₩1,500,000 증가		

거래 1. 자본거래도 손익거래도 아닌 거래 (자본계정을 건드리지 않음)

(차) 토 지 1,500,000 (대) 현 금 500,000
미 지 급 금 1,000,000

구 분	금 액	자본 구성요소	금 액
자산		자본금	
부채		자본잉여금	
자본		이익잉여금	

거래 2. 손익거래 (포괄손익계산서를 건드리는 거래)

(차) 급 여 1,500,000 (대) 현 금 1,000,000
미 지 급 비 용 500,000

구 분	금 액	자본 구성요소	금 액
자산		자본금	
부채		자본잉여금	
자본		이익잉여금	

거래 3. 손익거래 (포괄손익계산서를 건드리는 거래)

(차) 토 지 1,000,000 (대) 재평가잉여금 1,000,000

구 분	금 액	자본 구성요소	금 액
자산		기타포괄손익누계액	
부채		이익잉여금	
자본			

거래 4. 자본거래 (이익잉여금 처분)

(차) 미처분이익잉여금 1,400,000 (대) 미지급배당금 1,000,000
이익준비금 100,000
미교부주식배당금 300,000

구 분	금 액	자본 구성요소	금 액
자산		자본조정	
부채		이익잉여금	
자본			

거래 5. 자본거래 (미처리결손금 처리)

(차) 이익준비금 500,000 (대) 미처리결손금 1,500,000
감자차익 1,000,000

구 분	금 액	자본 구성요소	금 액
자산		자본잉여금	
부채		이익잉여금	
자본			

거래 6. 자본거래

(차) 자 기 주 식 1,500,000 (대) 현 금 1,500,000

구 분	금 액	자본 구성요소	금 액
자산		자본금	
부채		자본조정	
자본			

거래 7. 자본거래(무상증자)

(차) 주식발행초과금 1,500,000 (대) 자 본 금 1,500,000

구 분	금 액	자본 구성요소	금 액
자산		자본금	
부채		자본잉여금	
자본			

거래 8. 자본거래(무상감자)

(차) 자 본 금 1,500,000 (대) 감 자 차 익 1,500,000

구 분	금 액	자본 구성요소	금 액
자산		자본금	
부채		자본잉여금	
자본			

거래 1. 자본거래도 손익거래도 아닌 거래 (자본계정을 건드리지 않음)

구 분	금 액	자본 구성요소	금 액
자산	₩1,000,000 증가	자본금	불변
부채	₩1,000,000 증가	자본잉여금	불변
자본	불변	이익잉여금	불변

거래 2. 손익거래 (포괄손익계산서를 건드리는 거래)

구 분	금 액	자본 구성요소	금 액
자산	₩1,000,000 감소	자본금	불변
부채	₩500,000 증가	자본잉여금	불변
자본	₩1,500,000 감소	이익잉여금	₩1,500,000 감소

거래 3. 손익거래 (포괄손익계산서를 건드리는 거래)

구 분	금 액	자본 구성요소	금 액
자산	₩1,000,000 증가	기타포괄손익누계액	₩1,000,000 증가
부채	불변	이익잉여금	불변
자본	₩1,000,000 증가		

거래 4. 자본거래 (이익잉여금 처분)

구 분	금 액	자본 구성요소	금 액
자산	불변	자본조정	₩300,000 증가
부채	₩1,000,000 증가	이익잉여금	₩1,300,000 감소
자본	₩1,000,000 감소		

거래 5. 자본거래 (미처리결손금 처리)

구 분	금 액	자본 구성요소	금 액
자산	불변	자본잉여금	₩1,000,000 감소
부채	불변	이익잉여금	₩1,000,000 증가
자본	불변		

거래 6. 자본거래

구 분	금 액	자본 구성요소	금 액
자산	₩1,500,000 감소	자본금	불변
부채	불변	자본조정	₩1,500,000 감소
자본	₩1,500,000 감소		

거래 7. 자본거래(무상증자)

구 분	금 액	자본 구성요소	금 액
자산	불변	자본금	₩1,500,000 증가
부채	불변	자본잉여금	₩1,500,000 감소
자본	불변		

거래 8. 자본거래(무상감자)

구 분	금 액	자본 구성요소	금 액
자산	불변	자본금	₩1,500,000 감소
부채	불변	자본잉여금	₩1,500,000 증가
자본	불변		

Memo

Chapter 11 수익과 비용

1. 11장의 개요 : 기준서 제1115호

(1) 수익의 의의

(차) 자산	×××	(대) 수익	×××
또는 부채	×××		

(2) 비용의 의의

(차) 비용	×××	(대) 자산	×××
		또는 부채	×××

(3) 수익의 인식 과정(5단계)

단계 1 : 고객과의 계약 식별

단계 2 : 수행의무의 식별

단계 3 : 거래가격의 산정

단계 4 : 거래가격의 배분

단계 5 : 수익의 인식

(4) 비용의 인식

2. 수익과 비용의 의의

(1) 현금기준과 발생기준

① 현금기준 : 현금수령시 수익인식, 현금지출시 비용인식

② 발생기준 : 현금의 유출입과 관계없이 수익발생시 수익인식, 비용발생시 비용인식

③ GAAP : 발생기준 채택, 현금흐름표만 현금기준으로 작성

(2) 차익은 넓은 의미의 수익에 포함

(3) 차손은 넓은 의미의 비용에 포함

3. 수익의 인식 과정

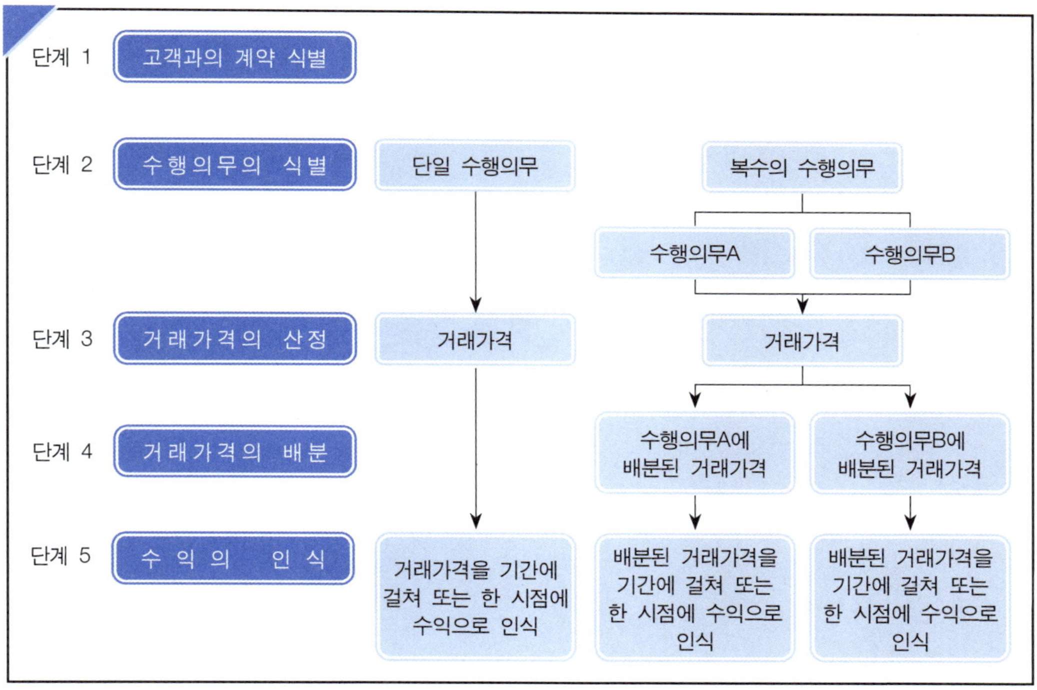

4. 비용의 인식

(1) 수익·비용 대응의 원칙

(2) 수익·비용 대응의 방법

① 직접대응 : 매출원가

② 체계적이고 합리적인 배분절차 : 감가상각비, 무형자산상각비

③ 즉시 포괄손익계산서에 비용으로 인식 : 광고선전비, 교육훈련비, 연구비 등

Memo

모의고사 (객관식 : 40분, 주관식 : 30분)

객관식 모의고사

1. 나무상사의 6월 중 상품매매와 관련된 자료가 다음과 같다. 선입선출법을 적용할 경우 6월 말 상품재고액은 얼마인가?

6월 1일	월초재고	100개	@₩100
6월 10일	매 입	120개	@₩110
6월 15일	매 출	110개	
6월 20일	매 입	220개	@₩120
6월 25일	매 출	100개	

① ₩23,000 ② ₩25,300 ③ ₩26,400
④ ₩27,500 ⑤ ₩27,600

2. 소매재고법에 의하여 기말재고자산을 평가하는 나무마트가 취급하는 상품의 원가 및 매가 자료는 다음과 같다.

	원 가	매 가
기초재고	₩350,000	₩500,000
매 입	7,150,000	8,875,000
매 출 액		8,325,000

기말재고 원가는 얼마인가?

① ₩800,000 ② ₩820,000 ③ ₩840,000
④ ₩860,000 ⑤ ₩880,000

3. 다음은 나무상사의 대손에 관한 자료이다.

(1) 2004년 말 매출채권 잔액은 ₩400,000이었고 이 중 미래 현금회수할 것으로 추정된 금액은 ₩388,000이다.
(2) 2005년 2월 5일 외상매출금 ₩10,000이 회수가 불가능한 것으로 판명되었다.
(3) 2005년 3월 19일 외상매출금 ₩8,000이 회수가 불가능한 것으로 판명되었다.
(4) 2005년 5월 8일 전기에 대손처리한 외상매출금 ₩3,000이 현금회수되었다.
(5) 2005년 말 매출채권 잔액은 ₩600,000이고 이 중 미래 현금회수할 것으로 추정된 금액은 ₩570,000이다.

나무상사가 2005년도 포괄손익계산서에 계상하게 될 대손상각비 금액은 얼마인가?

① ₩12,000　② ₩30,000　③ ₩33,000
④ ₩36,000　⑤ ₩38,000

4. 2005년 말 결산을 위해 당좌예금 계정잔액과 관련하여 확인된 자료는 다음과 같다. 조정전 회사측 당좌예금 잔액은 얼마인가?

(1) 2005년 말 조정전 은행측 당좌예금 잔액	₩900,000
(2) 2005년 말 현재 은행미기입예금	45,000
(3) 2005년 말 부도처리된 수표	33,000
(4) 2005년 말 기발행미인출수표	20,000
(5) 2005년 말 회사가 기입하지 않은 은행수수료	1,200

① ₩890,000　② ₩912,000　③ ₩925,000
④ ₩945,000　⑤ ₩959,200

5. 2004년에 (주)나무는 단기매매를 목적으로 시장성 있는 A, B회사 주식을 구입하여 FVPL 금융자산으로 분류하였고 각 주식의 취득원가와 2004년 말 공정가치는 다음과 같다.

종 목	취 득 원 가	공 정 가 치
A사 주식	₩500,000	₩550,000
B사 주식	800,000	770,000

2005년 중 거래는 다음과 같다.
(1) 2005년 2월 14일에 B사 주식을 ₩840,000에 전부 매각하였으며, 매각수수료 ₩3,000을 차감한 잔액 ₩837,000을 수취하다.
(2) 2005년 3월 14일에 A사로부터 ₩30,000의 현금배당을 받다.

2005년 말 A사 주식의 공정가치가 ₩600,000이라고 할 때 FVPL 금융자산과 관련하여 (주)나무의 2005년 포괄손익계산서상 당기순이익을 증가시키는 금액은 얼마인가?

① ₩30,000 ② ₩50,000 ③ ₩67,000
④ ₩80,000 ⑤ ₩147,000

6. 다음은 나무상사의 FVOCI 선택 금융자산 관련 자료이다.

> (1) 2004년 10월 1일에 (주)종로의 주식 10주를 주당 ₩25,000에 취득하였다.
> (2) 2004년 말 (주)종로의 주당 공정가치는 ₩30,000이었다.
> (3) 2005년 5월 1일에 (주)종로의 주식 4주를 주당 ₩33,000에 처분하였다.
> (4) 2005년 말 (주)종로의 주당 공정가치는 ₩35,000이었다.

나무상사의 2005년 당기순이익이 FVOCI 선택 금융자산으로 인하여 증가되는 금액은 얼마인가?

① ₩0 ② ₩12,000 ③ ₩42,000
④ ₩62,000 ⑤ ₩72,000

7. (주)나무는 2005년 5월 1일에 기계장치를 ₩2,500,000에 취득하였다. 기계장치의 내용연수는 4년, 잔존가치는 ₩100,000으로 추정된다. (주)나무의 결산일은 매년 말이라고 할 때 2006년 감가상각비는 얼마인가? 단, 감가상각방법은 연수합계법이다.

① ₩480,000 ② ₩600,000 ③ ₩720,000
④ ₩800,000 ⑤ ₩850,000

8. (주)나무는 액면가 ₩5,000의 보통주 1,000주를 주당 ₩8,000에 현금발행하면서 신주발행비 ₩100,000을 현금지급하였다. 이 거래로 발생하는 주식발행초과금은?

① ₩1,900,000 ② ₩2,000,000 ③ ₩2,900,000
④ ₩3,000,000 ⑤ ₩5,000,000

9. (주)나무는 액면가 ₩5,000의 보통주 10,000주를 주당 ₩7,000에 현금발행하였는데, 사업규모를 축소하기 위해서 보통주 1,000주를 매입소각하였다. 주당 매입가격이 ₩4,000일 경우 회사의 재무상태표에 계상될 감자차익은 얼마인가? 단, 주식을 소각하기 전에 감자차익이 ₩300,000이 있었으며, 당기중 추가적인 소각은 없었다.

① ₩1,000,000 ② ₩1,300,000 ③ ₩2,300,000
④ ₩3,000,000 ⑤ ₩3,300,000

10. 다음은 2005년 초에 영업을 시작한 (주)나무의 이익잉여금 변동과 관련된 자료이다.

(1) 2005년 당기순이익 ₩600,000을 보고하였다.
(2) 2006년 3월 3일에 현금배당 ₩300,000, 이익준비금적립 ₩30,000, 임의적립금의 적립 ₩120,000을 처분하기로 하였다.

2005년도 이익잉여금처분계산서에 계상될 차기이월미처분이익잉여금은 얼마인가?

① ₩100,000 ② ₩150,000 ③ ₩180,000
④ ₩270,000 ⑤ ₩600,000

11. 다음 중 잔액시산표의 합계금액을 증가시키는 거래는?

① 7월 1일에 주식발행초과금 ₩100,000을 재원으로 하여 무상증자를 하였다.
② 12월 31일에 특허권을 ₩50,000 상각하였다. 단, 회사는 특허권을 직접 차감하는 방법으로 회계처리하고 있다.
③ 12월 31일에 소모품 ₩30,000을 감소시키고 소모품비를 계상하였다.
④ 12월 31일에 FVPL 금융자산을 공정가치로 평가하여 금융자산평가손실(PL) ₩40,000을 계상하였다.
⑤ 12월 31일 미수금 ₩1,000,000에 대해서 대손충당금 ₩50,000을 설정하였다.

12. 2004년 3월 31일 일본상사에 화재가 발생하여 재고자산의 대부분이 소실되었다. 원시증빙을 통하여 입수한 자료는 다음과 같다. 화재 후 재고자산의 평가액이 ₩100,000 이었다면 화재손실추정액은 얼마인가?

(1) 기초상품재고(2004년 초)	₩300,000
(2) 당기 중 매입자료(2004년 초 ~ 3월 31일)	
매 입 액	₩6,000,000
매입에누리와 환출	200,000
(3) 당기 중 매출자료(2004년 초 ~ 3월 31일)	
매 출 액	₩7,000,000
매출에누리와 환입	300,000
(4) 일본상사의 과거 3년간 매출총이익률은 15%이다.	

① ₩50,000 ② ₩205,000 ③ ₩305,000
④ ₩350,000 ⑤ ₩450,000

13. 나무상사는 액면가액 ₩100,000(만기 6개월)의 무이자부어음을 2개월간 보유하다가 국민은행에서 연 12%로 할인하고 현금을 수령하였다. 동 거래로 인하여 증가되는 매출채권처분손실 금액은?

① ₩2,000 ② ₩3,000 ③ ₩4,000
④ ₩5,000 ⑤ ₩6,000

14. (주)나무는 2005년 4월 1일에 기계장치를 ₩2,500,000에 취득하였다. 기계장치의 내용연수는 4년, 잔존가치는 ₩100,000으로 추정된다. (주)나무의 결산일은 매년말이라고 할 때 2006년 10월 1일에 동 기계장치를 ₩1,400,000에 처분하였다고 하면 유형자산처분이익은 얼마인가? 단, 감가상각방법은 연수합계법이다.

① ₩200,000 ② ₩220,000 ③ ₩240,000
④ ₩260,000 ⑤ ₩280,000

15. 2004년 9월 1일에 한국상사는 원료공급업체인 일본상사를 합병하기로 하고 이전대가 ₩1,800,000을 현금지급하였다. 합병시 한국상사가 계상할 영업권 금액은 얼마인가? 2004년 9월 1일 일본상사의 자산과 부채의 공정가치는 다음과 같다.

현 금	₩300,000,	매 출 채 권	₩400,000
재 고 자 산	₩500,000,	토 지	₩1,500,000
매 입 채 무	₩200,000,	차 입 금	₩1,000,000

① ₩100,000 ② ₩200,000 ③ ₩300,000
④ ₩400,000 ⑤ ₩500,000

16. 2004년에 설립한 (주)서울의 자기주식거래에 대한 자료이다. 2004년 말 자본조정에 계상되어 있는 금액은 얼마인가? 단, 1주당 액면가액은 ₩5,000이다.

(1) 3월 1일 자기주식 3주를 주당 ₩8,000에 취득하였다.
(2) 4월 1일 자기주식 2주를 주당 ₩7,000에 취득하였다.
(3) 5월 1일 ₩8,000에 취득한 1주를 ₩8,500에 처분하였다.
(4) 6월 1일 ₩8,000에 취득한 1주를 ₩7,200에 처분하였다.

① ₩(300) ② ₩(5,000) ③ ₩(12,300)
④ ₩(22,000) ⑤ ₩(22,300)

17. 다음 거래 중 자본을 증가시키는 거래는?
① 감자차익을 재원으로 하여 무상증자를 하였다.
② 액면 ₩5,000의 주식 1주를 액면 ₩2,500의 2주로 분할하였다.
③ 주주총회에서 10%의 주식배당을 결의하였다.
④ 액면 ₩5,000의 보통주를 주당 ₩3,000에 할인발행하였다.
⑤ 자본금 ₩5,000을 무상감자하였다.

18. 나무상사가 발행한 사채의 내역이다. 나무상사가 2005년 말 포괄손익계산서에 계상할 이자비용은 얼마인가? 결산일은 매년 말이다.

> (1) 사채의 액면 : ₩100,000 (만기 2년, 표시이자율 10%)
> (2) 사채발행일 : 2005년 1월 1일
> (3) 이자지급일 : 6월 30일, 12월 31일(연 2회)
> (4) 사채 발행 당시 시장이자율 : 12%
> (5) 2년,12% 현가 : 0.79719, 2년,12% 연금현가 : 1.69005
> (6) 4년,6% 현가 : 0.79209, 4년,6% 연금현가 : 3.46511

① ₩5,000 ② ₩5,792 ③ ₩5,840
④ ₩10,000 ⑤ ₩11,632

19. 나무상사가 발행한 사채의 내역이다. 나무상사가 2005년 포괄손익계산서에 계상할 이자비용은 얼마인가? 결산일은 매년 말이다.

> (1) 사채의 액면 : ₩100,000 (만기 3년, 표시이자율 10%)
> (2) 사채발행일 : 2004년 4월 1일
> (3) 이자지급일 : 매년 3월 31일(연 1회 후급)
> (4) 사채 발행 당시 시장이자율 : 12%
> (5) 3년,12% 현가 : 0.71178, 3년,12% 연금현가 : 2.40183

① ₩11,424 ② ₩11,552 ③ ₩11,594
④ ₩11,786 ⑤ ₩11,894

20. 나무상사가 발행한 사채의 내역이다. 나무상사가 2006년초에 동 사채를 ₩97,000에 전액 상환하였다면 사채상환손실은 얼마인가?

> (1) 사채의 액면 : ₩100,000 (만기 3년, 표시이자율 8%)
> (2) 사채발행일 : 2005년 1월 1일
> (3) 이자지급일 : 매년말
> (4) 사채 발행 당시 시장이자율 : 10%
> (5) 3년,10% 현가 : 0.75131, 3년,10% 연금현가 : 2.48685

① ₩252 ② ₩351 ③ ₩471
④ ₩529 ⑤ ₩871

Memo

1. 상기업의 재무제표작성

다음은 (주)나무의 20×1년말 수정전시산표와 결산조정사항이다.

수정전시산표

(주)나무 20×1. 12. 31

차변	금액	대변	금액
현금	₩1,663,258	매입채무	₩20,000
당좌예금	210,000	장기차입금	2,000,000
매출채권	500,000	사채	1,000,000
선급법인세	50,000	대손충당금	30,000
상품	430,000	재고자산평가충당금	3,000
FVPL 금융자산	300,000	감가상각누계액	400,000
비품	1,800,000	자본금	1,000,000
FVOCI 선택 금융자산	800,000	금융자산평가이익(OCI)	100,000
사채할인발행차금	49,742	이익잉여금	50,000
매입	3,000,000	매출	5,000,000
급여	800,000		
합계	₩9,603,000	합계	₩9,603,000

〈결산조정사항〉

(1) 기말현재 거래은행의 당좌예금 잔액을 조회한 결과 ₩236,000이었다. 조사결과 차이 원인은 다음과 같이 확인되었다.

① 발행수표 중 12월 31일까지 은행에서 인출되지 않은 기발행미인출수표가 ₩15,000이다.

② 거래처로부터 송금해 온 외상매출금 ₩11,000이 당좌이체 되었으나 회사에서는 기말현재 모르고 있었다.

(2) 매출채권 잔액에 대해 거래처 분석을 한 결과 미래 현금회수할 것으로 추정된 금액은 ₩434,000이다.

(3) (주)나무의 기말재고자산과 관련된 자료는 다음과 같다. (주)나무는 재고자산감모손실 중 70%에 해당하는 금액은 매출원가에 포함시키고 나머지는 기타비용으로 분류하고 있다. 재고자산평가손실은 전액 매출원가에 포함시키고 재고자산평가충당금이라는 차감적 평가계정을 사용하여 회계처리하고 있다.

상품	장부재고	실지재고	단위당 원가	추정판매단가	추정판매비
A	500개	450개	₩100	₩120	₩30
B	400	380	150	200	40
C	300	300	200	230	50

(4) FVPL 금융자산은 20×1년 12월 1일에 A회사 주식 50주를 주당 ₩6,000에 취득한 것이다. 기말현재 A회사 주식의 공정가치는 주당 ₩6,500이다.

(5) 비품은 20×0년 5월 1일에 취득하였고 내용연수는 5년, 잔존가치는 "0", 감가상각방법은 연수합계법으로 하고 있다.

(6) FVOCI 선택 금융자산은 20×0년 8월 1일에 B회사 주식 100주를 주당 ₩7,000에 취득한 것이다. 20×0년 말 B회사 주식의 공정가치는 주당 ₩8,000이었고, 20×1년 말에는 공정가치가 주당 ₩10,000이 되었다.

(7) 장기차입금은 20×1년 7월 1일에 차입한 것으로서 상환시점은 20×4년 6월 30일이다. 연이자율 10%로 차입하였고, 이자는 매년 6월 30일에 후급하기로 되어 있다.

(8) (주)나무는 20×1년 4월 1일 다음과 같은 조건으로 사채를 발행하였다. 사채발행시점의 시장이자율은 10%이다.
① 액면금액 : ₩1,000,000 (만기 3년)
② 액면이자율 : 8% (매년 3월말 1회 지급)

(9) 20×1년 8월에 법인세 중간예납 ₩50,000을 납부하였고, 20×2년초에 결산작업을 하면서 20×1년도 법인세를 계산해 본 결과 ₩150,000의 자진납부세액이 나왔고 기납부세액 ₩50,000을 차감하고 ₩100,000을 20×2년 3월말까지 현금납부할 예정이다.

〈요구사항〉

1. (주)나무의 20×1년말 기말수정분개를 하시오.
2. (주)나무의 20×1년도 수정후시산표를 작성하시오.
3. (주)나무의 20×1년도 재무상태표와 포괄손익계산서를 작성하시오.

모의고사 해설

객관식 모의고사

1. ④	2. ③	3. ③	4. ⑤	5. ⑤	6. ①	7. ④	8. ③	9. ②	10. ②
11. ⑤	12. ③	13. ③	14. ②	15. ③	16. ⑤	17. ④	18. ⑤	19. ②	20. ③

1. (1) 월말재고수량 : 100개+120개−110개+220개−100개 = 230개
   (2) 월말재고금액 : 220개× ₩120 + 10개× ₩110 = ₩27,500

2. (1) 원가율 : (₩350,000+₩7,150,000)/(₩500,000+₩8,875,000)=80%
   (2) 기말재고(매가) : ₩500,000+₩8,875,000−₩8,325,000=₩1,050,000
   (3) 기말재고(원가) : ₩1,050,000×80%=₩840,000

3.

일자	차변	금액	대변	금액
2005. 2. 5	(차) 대손충당금	10,000	(대) 매출채권	10,000
2005. 3. 19	(차) 대손충당금	2,000	(대) 매출채권	8,000
	대손상각비	6,000		
2005. 5. 8	(차) 현금	3,000	(대) 대손충당금	3,000
2005. 12. 31	(차) 대손상각비	27,000	(대) 대손충당금	27,000

* ₩600,000−₩570,000=₩30,000, ₩30,000−₩3,000=₩27,000

∴ 대손상각비 : ₩6,000 + ₩27,000 = ₩33,000

4.

	회 사 측	은 행 측
조정전 잔액	?	₩900,000
(1) 은행미기입예금		45,000
(2) 부도수표	(33,000)	
(3) 기발행미인출수표		(20,000)
(4) 은행수수료	(1,200)	
조정후 잔액	₩925,000	₩925,000

∴ 조정전 회사측 잔액 : ₩959,200

5. 2005. 2. 14 (차) 현 금 837,000 (대) FVPL 금융자산 770,000
금융자산처분이익 67,000

2005. 3. 14 (차) 현 금 30,000 (대) 배 당 금 수 익 30,000

2005. 12. 31 (차) FVPL 금융자산 50,000 (대) 금융자산평가이익(PL) 50,000

∴ 당기순이익을 증가시키는 금액 : ₩67,000+₩30,000+₩50,000=₩147,000

6. 2005. 5. 1 (차) FVOCI 선택 금융자산 12,000 (대) 금융자산평가이익(OCI) 12,000

(차) 현 금 132,000 (대) FVOCI 선택 금융자산 132,000

FVOCI 선택 금융자산은 처분손익(당기손익)이 "0"임에 유의해야 한다.
2005년 말 금융자산평가이익 ₩30,000(=6주×₩5,000)은 기타포괄손익이므로 2005년 당기순이익에 미치는 영향은 "0"이다.

7. 2006년 감가상각비 : ₩2,400,000×4/10×4/12+₩2,400,000×3/10×8/12=₩800,000

8. 주식발행초과금 : ₩8,000,000−₩5,000,000−₩100,000=₩2,900,000

9. 감자시 회계처리 : (차) 자 본 금 5,000,000 (대) 현 금 4,000,000
감 자 차 익 1,000,000

∴ 재무상태표에 계상될 감자차익 : ₩300,000+₩1,000,000=₩1,300,000

10. 차기이월미처분이익잉여금 : ₩600,000−(₩300,000+₩30,000+₩120,000)=₩150,000

11. ① 자본의 감소 / 자본의 증가 : 잔액시산표 합계금액 변동없음
② 비용의 발생 / 자산의 감소 : 잔액시산표 합계금액 변동없음
③ 비용의 발생 / 자산의 감소 : 잔액시산표 합계금액 변동없음
④ 비용의 발생 / 자산의 감소 : 잔액시산표 합계금액 변동없음
⑤ 비용의 발생 / 차감적평가계정 증가 : 잔액시산표 합계금액 증가

12. (1) 판매가능상품원가 : ₩300,000+(₩6,000,000−₩200,000)=₩6,100,000
(2) 매출원가 추정액 : (₩7,000,000−₩300,000)×(1−0.15)=₩5,695,000
(3) 기말재고 추정액 : ₩6,100,000−₩5,695,000=₩405,000
(4) 화재손실추정액 : ₩405,000−₩100,000=₩305,000

13. ₩100,000× 12%×4/12=₩4,000

14. (1) 2006년 10월초 감가상각누계액 : ₩2,400,000×4/10+₩2,400,000×3/10×6/12=₩1,320,000
(2) 유형자산처분이익 : ₩1,400,000−(₩2,500,000−₩1,320,000)=₩220,000

15. (1) 순자산공정가치 : ₩300,000+₩400,000+₩500,000+₩1,500,000−₩200,000−₩1,000,000
=₩1,500,000

(2) 영업권 : ₩1,800,000−₩1,500,000=₩300,000

16.

2004. 3. 1	(차) 자기주식	24,000	(대) 현금	24,000
2004. 4. 1	(차) 자기주식	14,000	(대) 현금	14,000
2004. 5. 1	(차) 현금	8,500	(대) 자기주식	8,000
			자기주식처분이익	500
2004. 6. 1	(차) 현금	7,200	(대) 자기주식	8,000
	자기주식처분이익	500		
	자기주식처분손실	300		

∴ 자본조정 : ₩(300)+₩(22,000)=₩(22,300)

17. ① 자본잉여금의 감소 / 자본금의 증가 : 자본의 변화없음
② 자본금도 변화없음
③ 이익잉여금의 감소 / 자본금의 증가 : 자본의 변화없음
④ 자산의 증가 / 자본의 증가 : 할인발행이지만 유상증자이므로 자본이 증가함
⑤ 자본금의 감소 / 자본잉여금 증가 : 자본의 변화없음

18. (1) 사채발행가액 : ₩100,000× 0.79209+₩5,000×3.46511=₩96,535
(2) 2005년 유효이자 : ₩96,535×6%+₩97,327×6%=₩11,632

19. (1) 사채발행가액 : ₩100,000×0.71178+₩10,000×2.40183=₩95,196
(2) 2005년 이자비용 : ₩95,196×12%×3/12+₩96,620×12%×9/12=₩11,552

20. (1) 사채발행가액 : ₩100,000×0.75131+₩8,000×2.48685=₩95,026
(2) 사채상환손실 : ₩97,000−(₩95,026+₩1,503)=₩471

2006. 1. 1	(차) 사채	100,000	(대) 사채할인발행차금	3,471
	사채상환손실	471	현금	97,000

주관식 모의고사

1. 기말수정분개

(1) 당좌예금에 대한 은행계정조정표

	회사측 잔액	은행측 잔액
수정전 잔액	₩210,000	₩236,000
① 기발행미인출수표		(15,000)
② 미기입예금	11,000	
정확한 잔액	₩221,000	₩221,000

〈회사측 수정분개〉

(차) 당좌예금 11,000 (대) 매출채권 11,000

(2) 매출채권에 대한 대손충당금 설정

(차) 대손상각비 25,000 (대) 대손충당금 25,000

* 기말현금 매출채권 잔액	500,000−11,000=	₩489,000
기말현재 회수가능한 추정금액		(434,000)
대손충당금 기말현재 잔액		55,000
설정전 잔액		(30,000)
추가 설정액		₩25,000

(3) 매출원가

(차) 상품(기말) 162,000 (대) 상품(기초) 430,000
매출원가 3,268,000 매입 3,000,000

* 450개×₩100+380개×₩150+300개×₩200=₩162,000

(차) 재고자산감모손실 2,400 (대) 매출원가 2,400

* (50개×₩100+20개×₩150)×30%=₩2,400

(차) 매출원가 7,500 (대) 재고자산평가충당금 7,500

* (450개×₩10+300개×₩20)−₩3,000(충당금잔액)=₩7,500

(4) FVPL 금융자산 기말평가

(차) FVPL 금융자산 25,000 (대) 금융자산평가이익(PL) 25,000

* 50주×₩6,500−300,000=₩25,000

(5) 비품 감가상각

(차) 감가상각비 520,000 (대) 감가상각누계액 520,000

* ₩1,800,000×5/15×4/12+1,800,000×4/15×8/12=₩520,000

(6) FVOCI 선택 금융자산 기말평가

(차) FVOCI 선택 금융자산	200,000	(대) 금융자산평가이익(OCI)	200,000

* 100주×₩10,000−800,000=₩200,000

(7) 장기차입금 미지급이자

(차) 이 자 비 용	100,000	(대) 미 지 급 이 자	100,000

* ₩2,000,000×10%×6/12=₩100,000

(8) 사채 미지급이자

(차) 이 자 비 용	71,270	(대) 미 지 급 이 자	60,000
		사채할인발행차금	11,270

* ₩950,258×10%×9/12=₩71,270

(9) 법인세비용

(차) 법 인 세 비 용	150,000	(대) 선 급 법 인 세	50,000
		미 지 급 법 인 세	100,000

2. 수정후시산표

수정후시산표

(주)나무 20×1. 12. 31

현 금	₩1,663,258	매 입 채 무	₩20,000
당 좌 예 금	221,000	미 지 급 이 자	160,000
매 출 채 권	489,000	미 지 급 법 인 세	100,000
상 품	162,000	장 기 차 입 금	2,000,000
FVPL 금융자산	325,000	사 채	1,000,000
비 품	1,800,000	대 손 충 당 금	55,000
FVOCI 선택 금융자산	1,000,000	재고자산평가충당금	10,500
사채할인발행차금	38,472	감 가 상 각 누 계 액	920,000
매 출 원 가	3,273,100	자 본 금	1,000,000
급 여	800,000	금융자산평가이익(OCI)	300,000
대 손 상 각 비	25,000	이 익 잉 여 금	50,000
재고자산감모손실	2,400	매 출	5,000,000
감 가 상 각 비	520,000	금융자산평가이익(PL)	25,000
이 자 비 용	171,270		
법 인 세 비 용	150,000		
합 계	₩10,640,500	합 계	₩10,640,500

3. 재무상태표와 포괄손익계산서

재무상태표

(주)나무 20×1. 12. 31

현금및현금성자산		₩1,884,258	매입채무		₩20,000
매출채권	489,000		미지급비용		260,000
대손충당금	(55,000)	434,000	장기차입금		2,000,000
상품	162,000		사채	1,000,000	
재고자산평가충당금	(10,500)	151,500	사채할인발행차금	(38,472)	961,528
FVPL 금융자산		325,000	자본금		1,000,000
비품	1,800,000		금융자산평가이익(OCI)		300,000
감가상각누계액	(920,000)	880,000	이익잉여금		133,230
FVOCI 선택 금융자산		1,000,000			
합계		₩4,674,758	합계		₩4,674,758

포괄손익계산서

(주)나무 20×1. 1. 1 ~ 20×1. 12. 31

매출액			₩5,000,000
매출원가			(3,273,100)
	기초상품재고액	₩430,000	
	당기상품매입액	3,000,000	
	기말상품재고액	(162,000)	
	타계정대체	(2,400)	
	재고자산평가손실	7,500	
매출총이익			1,726,900
금융자산평가이익			25,000
급여			(800,000)
대손상각비			(25,000)
재고자산감모손실			(2,400)
감가상각비			(520,000)
이자비용			(171,270)
법인세비용차감전순이익			233,230
법인세비용			(150,000)
당기순이익			83,230
금융자산평가이익(OCI)			200,000
총포괄이익			₩283,230

IFRS 회계원리

서브노트

발 행 일 2021년 10월 18일 3판 2쇄
초판발행일 2015년 12월 18일

저 자 **최창규**
발 행 인 이정아
등 록 제25100-2015-000010호
발 행 처 도서출판 준앤유
주 소 서울시 강남구 선릉로 222
I S B N 979-11-88060-17-7 (13320)
가 격 10,000원

저자와의 협의 하에 인지를 생략합니다.